Couvertures supérieure et inférieure
manquantes

AF313521

À Monsieur Léopold Delisle
hommage de son bien dévoué
Ch. Beaurepaire

NOTICE

SUR LA

COMPAGNIE DES ARBALÉTRIERS

AUTREMENT DITE

LA CINQUANTAINE DE ROUEN

PAR

CH. DE BEAUREPAIRE

ROUEN

IMPRIMERIE DE ESPÉRANCE CAGNIARD

Rues Jeanne-Darc, 88, et des Basnage, 5,

1885

BIBLIOTHÈQUE NATIONALE — DON DELISLE BURNOUF

NOTICE

COMPAGNIE DES ARBALÉTRIERS

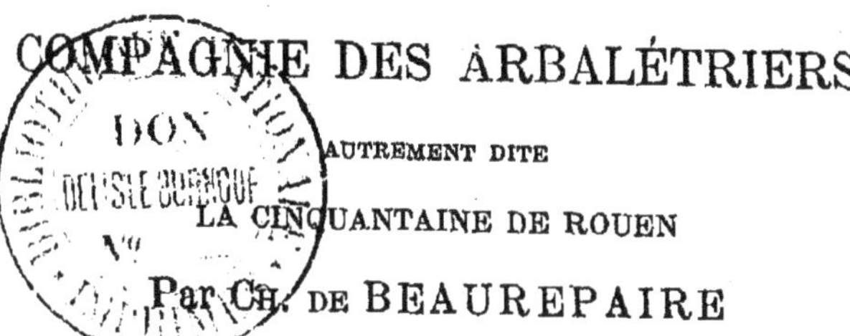

AUTREMENT DITE

LA CINQUANTAINE DE ROUEN

Par Ch. DE BEAUREPAIRE

La Corporation dont je vous demande, Messieurs, la permission de vous entretenir, peut légitimement prétendre à votre estime, et il n'y aurait pas le moindre doute qu'elle n'obtînt de vous quelques instants d'une attention bienveillante, s'il ne dépendait d'un avocat inhabile de compromettre la meilleure des causes, et d'un méchant écrivain, de répandre l'ennui sur les matières les plus dignes d'intérêt. Elle se recommande, en effet, par son antiquité, par une durée peu commune et par les services essentiels qu'elle n'a cessé de rendre à nos compatriotes de l'ancien temps, avec un zèle et un désintéressement dont il y a peu d'exemples. Je veux parler d'une compagnie autrefois bien connue dans cette ville, de la Cinquantaine des Arbalétriers, à laquelle je m'en voudrais de ne point attribuer, en commençant, ce titre de collège dont elle s'est souvent enorgueillie, et dont il sera aisé d'apprécier la valeur honorifique, en se rappelant qu'autrefois les médecins formaient un collège, tandis que les chirurgiens, d'une condition moins relevée, ne constituaient qu'une compagnie. Si donc il m'arrive d'employer, de préférence, cette seconde dénomination, qu'il soit bien entendu qu'il n'y a pas, de ma part, méconnaissance d'un droit respectable et nettement établi.

Un mot d'abord de l'arme à laquelle cette milice dut son nom. L'arc fut, pendant longtemps, en France, comme partout ailleurs, la principale arme offensive que l'on employât à la guerre (1).

L'arbalète, qui n'est qu'un arc perfectionné, pourvu, par sa portée et par sa précision, d'une plus grande force destructive, était connue au xiie siècle et, sans doute, même auparavant. L'usage en avait été condamné, au deuxième concile de Latran, en 1139, du moins dans les guerres entre chrétiens, qu'on ne pouvait envisager que comme des guerres fratricides. Mais Richard-Cœur-de-Lion, se trouvant engagé dans une lutte qui menaçait de ne point tourner à son avantage, n'eut point égard à cette défense : il se servit de l'arbalète contre les Français, avec aussi peu de scrupule que s'il eût eu affaire aux Sarrasins. Aussi, quelques-uns virent-ils un châtiment providentiel dans le coup qu'il reçut de cette arme, au siège de Chalus, en 1199.

Guillaume Le Breton, racontant, dans sa *Philippide*,

____

(1) M. Victor Fouque a publié, à Châlon-sur-Saône, en 1852, d'intéressantes recherches sur les corporations des Archers, des Arbalétriers et des Arquebusiers.

la mort de ce prince, exprime en ces termes l'arrêt que prononça contre lui la parque Atropos :

> *Hac volo, non alia, Richardum morte perire,*
> *Ut qui francigenis balistæ primitus usum*
> *Tradidit, ipse suî rem primitus experiatur,*
> *Quamque alios docuit, in se vim sentiat artis* (1).

Quoi qu'il en soit du reproche que Richard put avoir à se faire, il est certain qu'une fois rétabli, l'usage de l'arbalète ne fut plus interrompu : il ne devait cesser que lorsqu'on eut adopté une arme plus meurtrière encore, l'arquebuse, qui peu à peu devait mettre fin à la chevalerie, et dont Bayard, partisan déclaré des vieilles mœurs, fut une des plus glorieuses victimes.

S'il fallait en croire Farin, qui n'a fait, du reste, que reproduire les mémoires de la Cinquantaine, cette compagnie remonterait aux premières années du XIIIe siècle. Pour ma part, je ne vois dans cette opinion rien que de fort vraisemblable. Dès le début de la Commune, il a dû exister, à Rouen, une sorte de garde bourgeoise, armée suivant la mode du temps, organisée pour assurer la police, qui est un besoin de toutes les époques, et pour prêter main-forte aux représentants de l'autorité communale, qui étaient investis, comme on sait, d'une juridiction assez étendue. Mais il faut convenir que la pièce alléguée par Farin n'est pas très concluante : il n'y est question que d'un nommé David Pavie, qualifié arbalétrier du Roi, lequel fit, en 1208, une donation à

(1) Recueil des historiens des Gaules, XVII, 182.

l'Hôtel-Dieu de Rouen (1). Peut-on légitimement inférer de ces termes que ce Pavie fût membre d'un corps de milice communale, et ne peut-on pas même se demander si ce particulier n'aurait pas été un fabricant d'arbalètes aussi bien qu'un homme d'armes?

En fait de renseignements positifs, on n'en rencontre pas avant 1322 : ils sont consignés dans des lettres-patentes dont l'original se trouve aux Archives de la Seine-Inférieure, et dont le texte a été publié, *in extenso*, dans les *Ordonnances des rois de France*.

A cette date, plus ou moins éloignée de celle de l'origine de l'institution, la compagnie des Arbalétriers était déjà limitée au nombre de 50, d'où ce nom de Cinquantaine, avec un chef qu'on appelait simplement le *maître*, titre auquel celui de capitaine ne fut substitué que beaucoup plus tard.

Elle était soumise exclusivement à l'autorité du maire, qui était alors, pour le civil, la principale autorité de la cité.

Ce magistrat et son lieutenant avaient le droit de mander au maître des Arbalétriers de se trouver à tel jour, à telle heure, en tel endroit qu'ils jugeraient opportuns, pour le besoin de la communauté, pourvu que ce fût en dedans de la banlieue. Le maître transmettait l'ordre aux compagnons, lesquels, *semons* ou non, étaient tenus de se présenter, « garnis et apprestez le plus suffisamment qu'ils pouvoient, » pour accomplir le commandement qui leur était donné. C'était à quoi les obligeait

(1) Dans d'autres chartes de 1222, 1228, il prend le titre de *balistarius Regis*, Arch. de la S.-Inf., fonds de l'Hôtel-Dieu.

le serment professionnel que tous prêtaient lors de leur nomination. En cas de défaut, le maire, assisté de ses *pairs*, prenait connaissance des motifs d'excuse, et condamnait à l'amende, s'il y avait lieu. On voit aussi qu'il mettait à la disposition du maître, pour l'application des peines disciplinaires que celui-ci pouvait infliger, un des sergents de la Commune. Notons encore que la protection de la Ville était assurée aux compagnons dans toutes les affaires qui se rattachaient à l'exécution des ordres qu'ils recevaient d'elle ; elle se chargeait de les indemniser s'ils en éprouvaient quelque dommage dans leurs personnes ou dans leurs biens ; elle prenait fait et cause pour eux dans les procès qui pouvaient leur être intentés à raison de leurs fonctions.

Je ne saurais dire si, antérieurement à 1322, les Arbalétriers s'étaient recrutés purement et simplement par l'élection. Ce qui est certain, c'est qu'à partir de cette année-là, il fut décidé que, « se aucun des 50 Arbalestiers mouroit, nul autre ne pourroit estre mis au nombre des 50, fors par le maire, » disposition qui n'excluait pas, je suppose, le droit pour la compagnie de présenter ses candidats.

Une marque non moins importante de l'autorité du maire, c'est que les Arbalétriers ne pouvaient « aler en nulle armée sans son congé. »

En récompense de leurs services, les compagnons jouissaient de certains privilèges. On les tenait quittes, pouvait-on faire moins pour eux ? « de tous guets et escarguets et de toutes tailles à faire pour les dettes de la Ville », et encore ne les dispensait-on pas d'une certaine imposition qui avait pour objet l'acquit de dettes anciennes : ils contribuaient à celle-là suivant l'importance et le genre de commerce auquel ils se livraient.

« Les noms des 50 Arbalestiers étoient mis en escript par devers le clerc de la Commune, affin que nul ne se peut aidier des franchises de la ville, fors les 50 Arbalestiers. »

L'acte de 1322 eut précisément pour but de déterminer ces droits et ces devoirs réciproques. Il fut rédigé, en forme d'accord, par les soins du maire, sire Guillaume Des Essarts, et revêtu du sceau communal.

Mais bientôt, par suite de guerres ruineuses, la Ville se vit dans la nécessité d'accorder au Roi une somme équivalente à la solde d'un certain nombre de gens de guerre pendant six mois. Cette imposition rentrait-elle dans l'espèce de celles qui avaient été prévues dans l'accord de 1322 ? Il y eut sur ce point divergence d'appréciation entre les échevins et la Cinquantaine, et il faut croire que cette compagnie était déjà solidement enracinée, puisque, dans cette circonstance, comme dans quelques autres que nous rappellerons, elle ne craignit pas de résister à ses supérieurs hiérarchiques, soit qu'elle tirât sa force de l'opinion publique, qui lui fut en effet constamment favorable, soit qu'elle eût pour elle l'appui des officiers royaux, intéressés à la conservation d'une milice sûre et vraisemblablement indispensable.

Après quelques hésitations, la Ville comprit qu'en se montrant trop rigoureuse pour les compagnons, elle les mettrait dans l'impossibilité de « soutenir bonnement les frais et missions qu'il leur falloit faire pour leur office et de l'exercer à l'honneur et profit du public. » S'inspirant de ces considérations, le maire d'alors, Jean Cabot, après avoir pris toutefois l'avis de son Conseil, leur confirma les privilèges qui leur avaient été concédés précédemment : il les déclara « quittes de tous prestz, tailles, subsides et aydes et de toutes autres choses, qui seroient faites pour raison de la Ville, pour quelque cause que ce fût, excepté pour les clôtures et fortifications, pour l'arrière-ban et pour la rançon du Roi ».

Il prit de là occasion de déterminer, plus exactement qu'on ne l'avait fait jusqu'à ce jour, certains points de l'organisation de la Cinquantaine. Ainsi « il fut ordonné que, ou temps à venir, tous ceulx qui seroient mis et ordenés ou dit collège seroient admenez par le maistre des Arbalestiers devant le maire et devant partie des pers, présens avecques li, tout armé et prest pour son corps deffendre, en tel estat comme il vendroit toutes fois que mestier seroit au besoing de la Ville. Lors les diz maire et pers, se il leur suffisoit, le recevroient, et lui feroient jurer à tenir et garder les ordenances, et que les armeures dont il seroit armé estoient siennes propres, et que il ne les vendroit, donroit, presteroit ne estrangeroit pour quelque cause que ce fust, et que, en l'estat que il se monstreroit, il vendroit au mandement du maire ou de son lieutenant et du maistre des diz Arbalestiers, totes foiz et quantes foiz que mestier seroit, et il lui seroit fait savoir. »

Des privilèges au lieu de traitements, c'est ce que nous offre, à chaque page de son histoire, le moyen-âge, antipathique à un système permanent d'impôts et peu familiarisé avec la comptabilité, qui en est la suite. Il présente un autre trait caractéristique, la transformation de la fonction en propriété viagère, sinon même héréditaire. Ce trait, nous le rencontrons dans l'article suivant des statuts des Arbalétriers.

« Ou cas où aucun des Arbalestiers, qui sont ou seront au collège, cherroit en povreté ou impotence par villece ou autrement, il pourra mettre pour lui homme souffisant, fort et delivre et armé au gré du maire et des pers et du maistre du collège, lequel servira la Ville aux propres coux et despens d'icellui pour qui il sera mis, en la propre forme et manière que cellui pour qui il y sera fist, se il eust eu le povoir, et par ce ledit arbalestier usera des franchises dessus dictes tout aussi comme se luy proprement feist le service, et n'en usera pas celui qui fera ledit service. »

Bien qu'il ne s'agisse ici que d'un point secondaire, on peut juger combien nous voici loin des mœurs de notre temps, où tout est mobile et précaire. Par là on s'explique cet esprit général d'indépendance, ces habitudes de lutte, de contestation qu'on observait autrefois, dans toutes les branches de l'administration civile et religieuse, et qui se conciliaient, on ne sait comment, avec le respect de l'autorité.

Si, pour le service à l'intérieur de la ville, les Arbalétriers n'avaient droit à aucune solde, il n'en pouvait être de même, lorsqu'un ordre du maire les envoyait au delà de la banlieue : c'étaient, en effet, pour la plupart, des marchands et des artisans, vivant de leur négoce ou de leur industrie, et non des chevaliers ayant fiefs et vassaux.

Dans ce cas, « eulz et ceulz qui seroient lors ou collège entroient en campagne aux propres coux et despens de la Ville, sans y mettre aucune chose du leur. » Chaque compagnon devait toucher 3 sous de gages par jour, « de telle monnoie comme il courroit au pays où on les mène-roit. » Le maître avait droit à 5 sous.

L'arbalétrier qui manquait à l'appel était déclaré déchu de son office, à moins qu'il ne s'empressât de payer l'amende à laquelle l'auraient condamné le maire et les pairs (28 juillet 1347).

Il semblait que tout eût été prévu dans le document que nous venons d'analyser. Cependant quelques années s'étaient à peine écoulées, que des débats renaissaient entre les échevins et les arbalétriers, cette fois à propos d'un subside pour l'entretien d'un homme d'armes par 100 feux, subside accordé au Roi par les trois Etats du royaume. Les Arbalétriers citèrent le maire devant le bailli de Rouen. Du bailliage, l'affaire fut portée devant le chancelier de France, qui donna gain de cause aux Arbalétriers, ainsi que l'attestent les lettres-patentes du dauphin, duc de Normandie, depuis roi sous le nom de Charles V, datées de Rouen, dernier avril 1357 (1).

Les privilèges énoncés dans les divers documents pré-cités furent confirmés par le même prince en qualité de roi (Rouen, octobre 1359) et par son successeur, Charles VI (Paris, 17 décembre 1380).

(1) Ordonnances des rois de France, VI, 538.

Lorsque la Ville, à la suite de la révolte de la *Harelle*, eut été privée de sa Commune, la Cinquantaine fut en butte à de nouvelles difficultés.

On voulut la soumettre, en 1389, au paiement d'un *octroi* récemment établi sous le nom d'*aides de ville*, consistant en 12 s. 6 d. pour chaque queue de vin entrant à Rouen. Il fallut renoncer à cette prétention et faire un rabais au traitant qui n'avait pas été prévenu de l'exemption des Arbalétriers, pas plus que de celle dont se prévalurent, avec succès, les monnayeurs du Roi.

Un autre procès s'engagea, peu de temps après, à l'occasion d'une taille imposée par le Roi « pour le secours de la Chrétienté et l'union de l'Église ». Le procureur général des bourgeois, Jean Le Tavernier, soutint contre Jean Le Damoisel, maître de la Cinquantaine, que la Ville n'avait plus d'obligations envers les Arbalétriers, que leurs priviléges, accordés ou consentis par la Commune, avaient cessé avec elle, qu'ils avaient été abolis par le fait même qu'il n'y avait plus de maire, de juridiction communale, ni de corps de Ville.

La Compagnie répondait que ces priviléges n'étaient que la faible récompense d'un service pénible ; qu'après tout, elle ne demandait pas mieux que d'en faire le sacrifice, si on voulait la dispenser de ses engagements.

Dans l'accord provisoire qui fut conclu entre les parties devant le bailli, Hue de Donquerre, il fut entendu qu'on s'en tiendrait à ces termes et qu'on proposerait simultanément au Roi l'abolition des priviléges et la suppression du service (1).

(1) Archives de la Seine-Inférieure, F. de la Cinquantaine.

Quelques années se passèrent sans que le Conseil du Roi se prononçât sur cette affaire. En attendant, les privilèges furent provisoirement maintenus. Le 2 septembre 1404, la Ville dispensait encore pour l'année suivante les Arbalétriers de toutes aides pour les vins de leur consommation ou, comme on disait alors, de leur *estorement*, et de moitié des mêmes droits pour les vins qu'ils débitaient à la taverne, car de tout temps il y avait eu, et toujours il y eut des taverniers parmi les Arbalétriers (1).

Les événements de 1410 furent de nature à éclairer la Ville et le Gouvernement sur les avantages qu'ils pouvaient attendre d'un corps de milice aguerri.

Déjà, en plus d'une rencontre, les Cinquanteniers s'étaient montrés hommes de guerre. On avait notamment rendu hommage à la valeur qu'ils avaient déployée, sous les ordres de Duguesclin et de Jacques Le Lieur, maire et capitaine de Rouen, lors de la prise du château de Rolleboise et de la ville de Mantes, quand il avait fallu en déloger les grandes compagnies et les partisans du roi de Navarre.

Nul doute qu'il ne leur faille attribuer une part importante dans la gloire que s'acquirent les bourgeois de Rouen pendant cette campagne, et dans les éloges que décernait à nos compatriotes l'auteur de la *Chronique de Du Guesclin*.

> « Noblement s'y porta la Commune jolie
> Qui de Rouen estoit sevrée et partie.

(1) Archives de la ville de Rouen. — *Délibérations*.

> Ceulx de Rouen les ont conviez et festié.
> Car de Rouen y ot mains bon bourgeois armé,
> Maint bon arbalestier, hardy et redoubté.
> Dames et damoiselles ont, au partir, ploré (1). »

Une autre fois, on voit la Cinquantaine comprise dans le contingent que notre ville eut à fournir contre l'armée d'Edouard III.

Arrivée trop tard, elle échappa au désastre de Crécy. Mais, quelque temps après, on constate sa présence à la bataille qui s'engagea, non loin d'Abbeville, entre l'armée anglaise et les milices communales, « dure bataille », comme l'appelle Froissard, et qui coûta la vie à 1,000 français.

Ces faits sans doute n'étaient pas oubliés lorsque, le 29 août de cette année 1410, on reçut à l'Hôtel-Commun des lettres du Roi qui ordonnaient aux nobles de s'armer et de se rendre en toute hâte à Paris, près de sa personne, avec habillements, armures et trait. Mais, si l'on avait, à Paris, de justes sujets d'inquiétude, on n'était pas plus rassuré à Rouen. On craignait d'y voir arriver d'un jour à l'autre les Anglais, et l'on sentait le besoin d'y retenir quelques hommes expérimentés qui pussent servir d'exemple et de guides aux bourgeois. On dépêcha donc un messager au chancelier et au duc de Bourgogne, avec charge de leur exposer la triste situation de la ville et le danger qu'il y aurait à la priver, dans des circonstances aussi critiques, de ses défenseurs naturels. Mais, quoi que l'on pût faire et dire, on n'empêcha pas

____

(1) M. Chéruel, *Histoire de Rouen pendant l'époque communale*, t. II p. 296, 297.

l'expédition d'un nouvel ordre, encore plus pressant que le premier. Le 8 septembre, il fallut enjoindre à Jacques Lamy, maître de la Cinquantaine, d'apporter à l'Hôtel-Commun la liste de ses compagnons et leur commander à tous de s'armer et de se tenir prêts à partir. Le lendemain, on faisait marché avec un voiturier pour la fourniture de 2 chars, de 12 chevaux chacun, destinés à transporter les armures, le trait, les pavois et autres habillements, à raison de 45 l. par mois pour chaque char. La Ville s'engageait à fournir un trompette aux Arbalétriers ; à leur faire faire deux panonceaux, 1 pannon ou étendard. Elle emprunta pour eux, à l'arsenal du Clos des galées, 18 pavois, et elle leur promit une solde de 10 écus par mois. 51 Arbalétriers répondirent à l'appel ; 10 figuraient à titre de remplaçants de compagnons trop vieux ou trop peu valides pour supporter les fatigues de la guerre. Tous acceptèrent les offres de la Ville. On leur donna du drap pour leurs chaperons, et, par avance, une somme de 181 l. 5 s., équivalante à un demi-mois de solde. On remarque, dans le nombre des présents, Jean de Saint-Germain, lieutenant, aux gages de 20 l. par mois ; le trompette Julien Beausserre, aux gages de 11 l., et, parmi les simples compagnons, un homme qui, quelques années plus tard, devait s'acquérir un grand renom, Alain Blanchard.

La Compagnie s'avança jusqu'à Mantes où elle s'arrêta, en attendant les ordres du Roi.

Le 5 octobre, les conseillers de Rouen prennent l'alarme ; ils envoyent à Mantes un messager pour prier les Arbalétriers de revenir. Ils avaient appris que leur ville n'avait pas été comprise dans les trèves qu'on venait de conclure ; plus que jamais, ils avaient « métier de garde », n'ayant pour toute force à opposer à l'ennemi que 30 sergents, et quelques bourgeois qui connaissaient à peine le maniement de l'arbalète.

Le 16 novembre, les compagnons étaient de retour dans leurs foyers, et, singulier exemple de la pénurie des finances municipales, on les voit aussitôt en contestation avec les conseillers pour le paiement de leur solde à partir du jour où ils avaient été cassés (1).

Il est à croire que la Ville finit par leur donner satisfaction, puisque, le 5 novembre, elle avait le moyen d'offrir un présent au nouveau capitaine du château, Antoine de Craon, en reconnaissance de la permission qu'il avait donnée aux bourgeois de retenir, pour leur défense, les nobles et les compagnons de la Cinquantaine (2).

On vivait encore dans l'appréhension des ennemis lorsque les compagnons, profitant des circonstances, s'adressèrent au Roi pour obtenir de lui la confirmation de leurs privilèges.

Ils ne manquèrent pas de représenter « qu'il leur falloit être, à toutes heures de jour et de nuit qu'ils étoient mandez par les gens et officiers du Roi, de même que par les maire et lieutenans, quand maire y avoit, prêts et appareilliez, tous armez souffisamment pour leur corps deffendre, à aler où l'en les vouloit mener soit pour le

---

(1) Délibérations de l'Hôtel-de-Ville de Rouen.
(2) *Ibid.*

fait de la guerre, scit pour le fait de justice... ; qu'ils
avoient bien et loyalement servi, montez et armez souffisamment dans les guerres en plusieurs voyages, et der-
nièrement à la garde de la ville de Mantes, à l'assemblée
des gens d'armes qui avoit esté devant Paris ; qu'ils
étoient bons et expers pour servir de trait, toujours près
de faire, toutefois qu'il venoit effroi sur la mer ès parties
de Caux ou ailleurs, en quoi il leur falloit moult frayer
et despendre (1). »

Plus tard les Arbalétriers de Rouen défendirent ceux
de Paris lorsque ceux-ci se virent attaqués dans leur
constitution et dans leurs privilèges (2). Cette fois, ce
furent les Arbalétriers de Paris qui protégèrent leurs
camarades de Rouen. Le Roi trouva juste que les 50
Arbalétriers de notre ville fussent traités avec la même
faveur que les 60 Arbalétriers de la capitale, qu'ils
participassent aux mêmes privilèges : « exemption de
quatrième, d'impositions et de quelconque aide ou subside ayant cours pour le fait de la guerre, à raison de
leurs biens et revenus et des choses qui croîtroient en
leurs héritages seulement; qu'ils fussent pareillement
déchargés de prêts, tailles, subsides, gabelles, aides et
servitudes. »

On maintint contre eux une exception pour les trois

---

(1) La Cinquantaine fit partie des milices auxiliaires que Rouen
eut à fournir au connétable Bertrand d'Armagnac et qui furent envoyées
au siège d'Harfleur.

(2) Les Arbalétriers de Paris, en août 1611, firent confirmer leurs
privilèges, en faisant observer qu'ils étaient érigés à l'instar des Arquebusiers, Archers et Arbalétriers de la ville de Rouen et de Tournay,

cas précédemment énoncés : fortifications de la ville, arrière-ban et rançon du Roi.

Aux termes des lettres-patentes, « tous ceux qui seroient mis et ordonnés audit collège au temps à venir par l'élection du maître et de ses compagnons devaient être amenés tous armés par le maître devant le capitaine, les gouverneurs et les conseillers qui les recevaient, s'ils les trouvaient suffisants et leur faisaient jurer de garder les ordonnances, de ne vendre, donner, prester ni estranger, pour quelque cause qne ce fût, les armures dont ils étoient revêtus ».

On renouvelait les dispositions relatives à l'exercice de l'autorité municipale, si ce n'est qu'au maire, dont l'office restait supprimé, on avait substitué le capitaine, le gouverneur et les conseillers de la Ville ; on maintenait la faculté pour l'Arbalétrier de substituer à sa place un homme capable pour le service ; la défense d'aller en aucune armée et même de s'éloigner de la banlieue sans une autorisation expresse ; le principe de la responsabilité de la Ville, pour tous les dommages que les Arbalétriers éprouveraient dans l'exercice de leurs fonctions. La solde pour le service extérieur demeurait fixée à 3 sous pour les compagnons, à 5 sous pour le maître ; mais on ajoutait à cette solde la fourniture des dépenses de bouche pour eux, leurs chevaux et valets, quand ils allaient en campagne (1).

____

(1) A propos des services militaires de la Cinquantaine, je ferai observer que c'est par une singulière méprise que le bon Farin, exact d'ordinaire et toujours excellent patriote, cite comme des titres d'honneur pour nos Arbalétriers « les services qu'ils avaient rendus au Roi,

Dès ce temps-là, la compagnie était organisée en confrérie, ainsi, du reste, que l'étaient presque toutes les corporations, et, par ce côté, elle s'étendait considérablement, en attirant à elle nombre de femmes, de veuves, de vieillards et de jeunes gens, c'est-à-dire toutes les familles des Arbalétriers en activité de service. Cette confrérie avait son siège, ses offices particuliers, et même ses sépultures de marque, avec les glorieux emblèmes de la profession de ses membres, en l'église du Sépulcre, dite aussi l'église de S. Georges, le patron des Arbalétriers. Les cotisations que la compagnie, en tant que confrérie, votait dans ses assemblées pour les besoins du culte, étaient obligatoires. Aucun Arbalétrier ne pouvait en être dispensé. Les lettres-patentes auxquelles nous empruntons ces détails sont datées de Paris, avril 1411 (1).

aux sièges de Mantes, de Pontorson, de Louviers, de S. Germain, de Fécamp, de Lillebonne, de Tancarville, de Harfleur, de Pontoise et de Dieppe, où ils donnèrent, assure-t-il, des marques extraordinaires de leur bravoure et montrèrent ombien la *personne de leur prince* leur était plus chère que leur propre vie. » C'est oublier que ces services furent rendus à un roi étranger, Henri VI, qui seul leur en dut de la reconnaissance, et qui dans le fait leur en témoigna par la confirmation de leurs priviléges.

Il convient mieux de rappeler le secours qu'ils prêtèrent : à Charles VIII, dans son expédition de Bretagne contre le duc d'Orléans, qui, pourtant, devenu roi sous le nom de Louis XII, ne leur en garda pas rancune; — à Charles VII, en 1457, dans une expédition que les registres de la ville de Rouen ne designent qu'assez vaguement; — au même souverain, quand il mit le siège devant Louviers, ce qui indique suffisamment l'empressement avec lequel ils étaient rentrés sous l'autorité légitime.

(1) *Ordonnances des rois de France*, IX, 595.

Leur texte ne fut que très légèrement modifié dans des lettres-patentes de confirmation de Henri VI, roi d'Angleterre, penultième d'octobre 1443 ; de Louis XI, 1er octobre 1474 ; de Louis XII, janvier 1500 et 21 octobre 1508.

Le 14 septembre 1507, ils furent passés en revue dans leur Clos par Louis Daré, lieutenant général du bailli, en présence des avocats et des procureurs du Roi du bailliage. Ils se présentèrent, « armez et embastonnez, les uns en cuirasses blanches, les autres en bonnes brigandines, garnis de faudes, manches, cuissos, gorgerins et autres armures bonnes et compétentes, avec arbalètes, trait et épée de défense, ainsi qu'il appartenait à des arbalétriers. » Ils se livrèrent à leurs exercices, firent preuve de leur habileté comme tireurs, et renouvelèrent le serment de servir le Roi, avec promesse « de se tenir prêts et appareillés, montés et armés pour se rendre là où il lui plairoit de les appeler. »

Dès maintenant les traits principaux de la Cinquantaine nous sont connus. Ils ont persisté sans altération notable jusqu'en 1790.

Jusqu'à la fin, en effet, elle resta ce qu'elle était dès le début, une compagnie, bourgeoise, privilégiée, invariablement limitée au nombre de 50 cavaliers, pour la garde de la ville, pour l'escorte des autorités, pour le soutien de la justice, et, à l'occasion, pour des expéditions militaires. Elle conserva son nom de compagnie des Arbalétriers, longtemps après que le mousqueton eut remplacé l'arbalète, tant l'esprit de tradition fut toujours chez elle vivace et énergique (1).

Autour d'elle, cependant, tout s'était modifié. Les soldats, auxquels l'entrée de la ville avait été longtemps interdite, y avaient été introduits peu à peu, et, sous le règne de Louis XV, on les y avait installés à demeure dans de vastes casernes. Une garde bourgeoise, créée à l'époque des guerres civiles, avait continué d'exister, en subissant toutefois des changements plus ou moins considérables ; le nombre des sergents de toute espèce avait été augmenté ; on avait vu paraître des figures que le moyen-âge n'avait pas connues : gouverneurs de provinces, lieutenants généraux de Roi, premier président, procureur-général du parlement, intendant de la Généralité, autant de maîtres infiniment plus puissants, plus exigeants en fait de soumission, plus avides d'hommages que ces chefs débonnaires et familiers contre lesquels la lutte avait été permise, et qui, conservés comme par grâce, n'exerçaient plus qu'une autorité subalterne, restreinte et toujours contestée. Ajoutons qu'il avait fallu aux gens de la Cinquantaine accepter le concours

(1) Je ne saurais marquer précisément à quelle époque ils substituèrent à l'arbalète le bâton à feu ou l'arquebuse. Tout ce que je puis dire, c'est que ce changement doit être antérieur à 1540. Un arbalétrier, présenté cette année à l'Hôtel-de-Ville, pour être admis dans la compagnie était déjà muni de l'arme nouvelle. Il est à remarquer que l'arbalète se maintint plus longtemps dans la Gascogne, et plus longtemps encore dans les troupes anglaises. Celles-ci s'en servirent jusque dans le cours du xviie siècle. On signalait des arbalétriers au siège de l'île de Rhé en 1627. V. le P. Daniel, *Histoire de la milice française.*

de rivaux plus nombreux de moitié, et fournis de l'arme
nouvelle, l'arquebuse. Que de causes de décadence et de
ruine ! Et cependant, ces hommes, qui se recrutaient à
leur gré dans les rangs de la bourgeoisie, eurent l'art de
se faire bienvenir de tous ceux qui, à un titre quelconque,
représentèrent successivement à Rouen l'autorité publique : ils n'excitèrent en aucun temps ni plaintes ni
murmures ; ils s'appliquèrent à vivre en bonne intelli-
gence avec leurs concurrents, les 104 Arquebusiers.
Appelés, les uns et les autres, aux mêmes services, à
peine distingués par l'uniforme, ils ne se confondirent
pourtant jamais absolument ; ils eurent leurs assemblées
et leurs fêtes à part ; les uns restèrent un corps de cava-
lerie ; les autres ne furent jamais que fantassins (1).

II

C'est en 1508 qu'on rencontre la mention de couleu-
vriniers à main demeurant à Rouen. Ils obtinrent de la
Ville l'autorisation de faire, pour leurs exercices, « une
bucte au fond du fossé d'entre la porte Cauchoise et la
porte Bouvreuil. »

Ce n'était encore qu'une association de jeunes gens
qui se sentaient de l'adresse et du courage, et qui cher-
chaient un passe-temps en rapport avec leurs goûts.

L'occasion s'offrit à eux, en deux occasions mémo-

(1) Il n'en avait pas été de même à Paris, où les Archers, les Arbalétriers et les Arquebusiers avaient été réunis en une seule compagnie
fixée au nombre de 300 avec saint Sébastien pour patron et des chefs
portant le titre de roi et de connétable.

rables, de rendre à leurs concitoyens d'importants services.

En 1526, pendant que le Roi était prisonnier en Espagne, ils contribuèrent, avec les compagnons de la Cinquantaine, à mettre en fuite un nommé Grosdos, qui tenait les champs aux environs de Rouen : c'était le chef d'une troupe d'aventuriers, qui vivaient, comme on disait, sur le peuple, c'est-à-dire de pillage et de brigandage.

En 1532 ou 1533, ceux que l'on appelait les Compagnons de Darnétal (peut-être des aventuriers et le rebut de bandes licenciées) s'assemblèrent au nombre de 800, occupèrent les abords de la ville, détroussant les bourgeois, arrêtant les vivandiers et répandant l'effroi tout autour d'eux. Les Arquebusiers s'armèrent de nouveau par ordre de justice ; ils sortirent en bon ordre, tombèrent sur les aventuriers, les mirent en pleine déroute après leur avoir fait plusieurs prisonniers qui furent tous condamnés à mort.

Ces services valurent aux Arquebusiers l'honneur d'être considérés comme un corps de milice nécessaire à la sécurité de la ville de Rouen, et des lettres-patentes, données à Blois, 19 mars 1541, qui leur attribuaient les mêmes privilèges qu'à ceux des villes d'Amiens et d'Abbeville.

Dans ces lettres-patentes, ils sont désignés sous le titre de « les 104 Harquebusiers et coulleuvriniers à main, capitaine, lieutenant, porte-enseigne, sergens de bande, dizainiers et compagnons du jeu et industrie de hacquebute ou couleuvrine à main de la ville de Rouen. »

Ils parurent avec éclat en 1550 à l'Entrée de Henri II,

lequel, enchanté de leur tenue, leur confirma leurs privilèges. Mais il est permis de croire qu'une part, dans l'admiration et dans les éloges, fut réservée aux Arbalétriers, que je crois reconnaître dans ces rimes empruntées à l'un des récits de cette fête somptueuse.

> Qui eust pensé de trouver en ces arts,
> Si suffisans disciples du Dieu Mars ?
> Qui eust cuidé, soubz Mercure subtil,
> Veoyr bataillons de soldat si gentil ?
> Tel est icy qui à ung art s'applicque,
> Qui duiroit myeulx autre part qu'en boutique.
> Tel fait séjour ouvrant en ceste terre,
> Qui seroit myeulx conquérant en la guerre.

A cette époque, c'est un fait intéressant à noter, il n'est guère de ville qui n'ait vu se former, dans son sein, par l'initiative privée, quelque compagnie d'Archers, d'Arbalétriers ou d'Arquebusiers, sinon même les trois à la fois. Ainsi, pour citer quelques exemples, à Bayeux, « le jeu et industrie de tirer de l'arcquebutte, de l'arc « et de l'arbalète, » fut approuvé par lettres-patentes du mois d'août 1557, avec cette clause que les exercices devraient avoir lieu les trois premiers dimanches de mai. A Caen, à la même date, d'autres lettres nommaient Gilles Fillâtre « capitaine chef et conducteur des habitants de cette ville tirans au jeu de la haquebute, » avec faculté pour lui de conserver ce titre toute sa vie, et avec défense à ses compagnons de nommer un autre capitaine à sa place, hors le cas où, de son plein gré, il donnerait sa démission. C'était le prix de l'habileté dont il avait fait preuve en abattant, trois années de suite, le papegaut avec la haquebute. A S^t-Lô, les exercices avaient aussi été fixés aux trois premiers dimanches de mai par lettres du mois de novembre 1556. Le 17 février de l'année suivante, le Roi désignait un capitaine à chacune des compagnies de tireurs qui y avaient été formées : Pontus Vincent, aux Hacquebutiers ; Jean Ybert, aux Archers ; Raoul Foret, aux Arbalétriers.

Le but que Henri II se proposait en favorisant de pareils établissements était de développer dans la nation l'esprit militaire. Il espérait (j'emprunte les termes d'une de ses ordonnances) « que l'exercice que ses sujets pourroient prendre aux armes leur amèneroit, avec la dextérité, telle asseurance qu'à ung besoing, l'on s'en pourroit ayder pour résister aux incursions des ennemis. » Il lui paraissait, d'ailleurs, « que ce seroit un récréatif moyen, tout en les laissant à leurs manufactures, de les empêcher de s'adonner aux choses oysives et voluptueuses. »

La foule, juge et témoin, dans ces jeux de force et d'adresse, saluait le vainqueur du titre de *Roi de l'oiseau*. Si grande que fût l'opinion que l'on se faisait généralement de l'autorité du Roi, ce nom n'était pas incommunicable. Tout au contraire, on aimait à le donner à tous ceux qui avaient occupé la première dignité dans une confrérie ou dans une corporation, ou qui avaient conquis la première place dans un concours quelconque, ce qui explique, soit dit en passant, le nombre considérable de familles qui portent le nom de Le Roi. A la rigueur, c'était autant qu'il en fallait pour exciter l'émulation d'une jeunesse ardente et désintéressée ; il ne parut pas inutile, néanmoins, d'ajouter à cette qualification honorifique, quelques avantages d'une nature plus sérieuse. A Caen, le capitaine des Hacquebutiers était exempt de tributs, aides, tailles, quatrième et subsides. A S‑Lô, celui qui avait eu le bonheur d'abattre le papegaut pouvait vendre et distribuer jusqu'à 50 tonneaux de cidre sans payer aucun droit de quatrième. Il était exempt de tout tribut, impôt, aide de ville, à condition toutefois qu'il fût du serment des jeux de hacquebute, d'arc et d'arbalète, et qu'il pût affirmer que l'arme dont il s'était servi était bien à lui. Le 17 février 1557, les privilèges du capitaine des Hacquebutiers de Caen furent étendus aux trois capitaines de hacquebute, d'arc et d'arbalète de S‑Lô (1).

A une époque comme la nôtre, où l'on ne recule devant aucune dépense pour la formation de bataillons scolaires et de sociétés de gymnastique, il ne viendra à l'esprit de personne que ces privilèges, à défaut de traitements ou de gratifications, que les finances de l'Etat n'auraient pu fournir, n'aient été la juste récompense d'une adresse acquise à force d'application, et dont il était permis d'attendre un emploi utile dans des circonstances à prévoir, bien que, par bonheur, elles ne pussent se produire que tout à fait exceptionnellement. A combien plus forte raison étaient donc légitimes les privilèges accordés, à Rouen, aux Arbalétriers et aux Arquebusiers. Bien autrement recommandables que les tireurs de la plupart des autres villes, ils n'étaient rien moins qu'un des rouages de l'administration publique ; ils pouvaient invoquer en leur faveur des services indispensables, ser-

(1V. aux Arch. de la Seine-Inf., *les Plumitifs de la Cour des Aides.*

vices de chaque jour, de chaque nuit, et qu'on ne saurait mieux comparer qu'à ceux que nous rendent de nos jours, mais moyennant traitement, nos sergents de ville et nos gendarmes.

Ainsi que nous l'avons vu, ces privilèges occupent trop de place dans l'histoire de la Cinquantaine pour que nous puissions nous dispenser d'en dire encore quelques mots.

Pendant longtemps les membres de cette compagnie avaient joui du droit d'aides de ville pour une certaine quantité de vin, de cidre et de poiré qu'ils pouvaient vendre dans leurs maisons, avantage assez considérable au xvie siècle, dans un temps où l'on voyait des conseillers au Parlement se livrer eux-mêmes, sans trop de honte, à ce genre de commerce, mais avantage dont ne profitaient, au dernier siècle, que ceux de la compagnie qui étaient cabaretiers : il y en avait une dizaine environ.

Il y avait, de plus, le franc-salé : le capitaine commandant et le lieutenant en exercice avaient chacun deux boisseaux de sel; les autres avaient chacun un boisseau, non pas à titre purement gratuit, mais à prix de marchand.

Notons encore qu'à la vente et à l'achat de leurs marchandises, les Cinquanteniers étaient exempts de payer, à la vicomté de l'Eau, les droits de grand et de petit poids jusqu'à concurrence de 15 l. ponr chacun d'eux.

Enfin, tous étaient exempts de tutelle et de curatelle, de gestion de biens de communauté et de fabrique ainsi que du logement des gens de guerre.

Quand on établit, aux dernières années du règne de Louis XV, l'impôt des vingtièmes de l'industrie, ce fut une question de savoir s'il pouvait leur être appliqué. Un arrêt du Parlement du 20 décembre 1775, les en déclara exempts. Cet arrêt fut cassé par un arrêt du Conseil, du 9 février 1776, qui réserva cependant les privilèges de la compagnie et ordonna aux Cinqüanteniers de justifier des droits auxquels ils prétendaient, par la remise de leurs titres entre les mains du Contrôleur général. A cette occasion, tous les corps constitués de la ville déposèrent en faveur des Cinquanteniers, et un nouvel arrêt, du 9 novembre 1776, les maintint dans la jouissance de leurs privilèges. Seulement l'exemption des droits d'aides ou d'octroi sur les boissons fut remplacée par une somme de 1714 l. à prendre sur le domaine du Roi (somme sur laquelle il y avait à supporter une retenue de 2 vingtièmes) et par une autre somme de 950 l. sur l'Hôtel-de-Ville.

Tous, du reste, étaient assujettis à la capitation et à la corvée.

En songeant à ce que peuvent bien représenter en numéraire ces privilèges, on éprouve un sentiment de surprise et presque de commisération. On se demande comment tant d'efforts ont été nécessaires pour les défendre contre les attaques incessantes des agents du fisc, et comment l'autorité publique, qui profitait du concours de ces hommes de bonne volonté, n'a pas mieux compris combien elle était heureuse de l'obtenir à de pareilles conditions. L'étonnement redouble, en songeant qu'on laissait à la charge des Cinquanteniers les gages du clerc et des tambours, les frais d'entretien de ce qu'ils appelaient leur salle d'armes, les frais d'équipement et d'armement, évalués, vers la fin, pour chaque cavalier, à 600 l.

Aux deux derniers siècles, la Cinquantaine ne comptait plus comme force militaire (1).

C'est par raillerie que, dans son spirituel récit de la « Retraite de monsieur de Longueville en son gouvernement de Normandie pendant la guerre de Paris en 1649, » Saint-Évremont met ces paroles dans la bouche d'un frondeur naïf ou narquois : « Vous avez, Monseigneur, quantité de noblesse auprès de vous. Vous pouvez faire un gros de gentilshommes, un gros de leurs valets de chambre, auxquels vous joindrez la Cinquantaine et les Archers, deux gro.. bataillons des meilleurs bourgeois et, avec ces troupes, aller surprendre le Roi à Saint-Germain. »

Il eut fallu d'autres forces pour tenter l'aventure, et il est à croire que, si l'on en fût venu à cette extrémité, la Cinquantaine se fût tenue tranquille.

Cependant les lettres-patentes du 10 juin 1666 déclarent encore, comme au XIVᵉ siècle, « que les Cinquante-niers servaient en temps de guerre, lorsqu'il arrivait des alarmes sur la mer et au pays de Caux. »

Ce service, il est vrai, ne fut pas réclamé d'eux ; mais on peut affirmer qu'il eût pu l'être sans qu'ils y eussent trouvé à redire, parce que, ainsi qu'on l'écrivait en 1776,

---

(1) Je passerai sous silence, afin d'écarter le souvenir odieux de nos discordes civiles, les services qu'ils rendirent à l'Union pendant la Ligue, non seulement à Rouen, mais à Dieppe et à Pont-Audemer.

la plupart d'entr'eux avaient servi le Roi dans leur jeunesse, et que tous ils se faisaient un devoir d'entretenir dans le cœur de leurs enfants cette valeur guerrière qui avait toujours été le caractère de la nation. »

Du reste, abstraction faite des services militaires, et à ne considérer que ce à quoi ils s'employaient journellement, on ne saurait leur contester une place d'honneur dans l'histoire de nos institutions municipales.

Et d'abord, ils figuraient aux Entrées de rois ou de gouverneurs, aux obsèques des plus hauts personnages, aux processions, aux feux de joie, aux publications solennelles qui se faisaient des traités de paix ou des déclarations de guerre. Suivant le caractère de ces cérémonies, ils paraissaient soit avec le mousquet, soit avec le bâton noir ou le bâton blanc, mais toujours distingués par leurs hoquetons d'argent, où brillaient les armes de la Ville. Ils fournissaient des escortes au gouverneur de la province ; ils en fournissaient aussi à MM. de l'Hôtel-de-ville, notamment lorsque le maire, en grand appareil, le chapeau à plume sur la tête et la canne à la main, se rendait au Parlement pour y présenter ses lettres de nomination.

C'était une marque de dignité à laquelle nos échevins attachaient la plus haute importance. Aussi n'en laissèrent-ils jamais prescrire l'usage ; ils ne manquèrent pas de la revendiquer avec sévérité quand les Cinquanteniers, ce qui arriva rarement, laissèrent percer quelques velléités d'indépendance. Pour la conserver, une fois en 1616, lors de l'Entrée du nouvel archevêque François de Harlay, ils ne craignirent pas d'entrer en lutte ouverte avec le gouverneur de la province, Montbazon. Celui-ci ne leur demandait pourtant que de venir conférer avec lui avant de donner des ordres à la Cinquantaine, et c'est à quoi ils eurent de la peine à se résoudre.

Plus d'un siècle après, une difficulté plus grave s'éleva entre eux et le Parlement, non pas précisément au sujet de l'autorité qu'ils s'attribuaient sur la Cinquantaine, mais au sujet de la composition de l'escorte qui était due aux cours souveraines.

Le fait est exposé en grand détail dans les registres des délibérations de l'Hôtel-de-Ville. Il vaut la peine d'être conservé : c'est un tableau de genre au milieu de scènes plus sérieuses. Combien ne rencontrerait-on pas de personnages aussi amusants que les chanoines de la Sainte Chapelle, si l'on voulait y prendre garde. Est-ce simplement le hasard, ou bien est-ce la rancune ou la prudence, qui ont inspiré à Boileau le choix de son sujet et de ses victimes ?

Pour en venir au fait, on était au mois de juin 1739 : la paix venait d'être signée entre la France et l'Empire. Conformément aux ordres du Roi, un *Te Deum* devait être chanté dans la cathédrale, en action de grâces de cet heureux évènement.

Le jeudi 18, jour fixé pour la cérémonie, les capitaines des deux compagnies de la Cinquantaine et des Arquebusiers se présentèrent à l'Hôtel-de-Ville, avec leurs compagnies au complet, suivant le commandement qui leur avait été notifié, la veille, par écrit. On leur ordonna de former chacun deux détachements et de les faire conduire par leurs lieutenants et sous-lieutenants, moitié pour accompagner MM. du Parlement, moitié pour accompagner MM. de la Cour des Comptes.

Bientôt les lieutenants revenaient annoncer aux échevins en séance, que MM. du Parlement voulaient absolument qu'on leur envoyât à la tête des détachements les capitaines des compagnies, faute de quoi ils aimaient mieux se passer d'escorte.

On délibérait sur cette prétention inattendue, lorsque survinrent deux huissiers qui signifièrent au maire et aux membres du Conseil l'ordre de se rendre immédiatement à la Cour.

Après délibération sur cette nouvelle prétention, il fut arrêté, ouï le procureur du Roi, que « veu que M. le maire ne se déplace jamais que par ordre du Roi, que MM. Bons et Le Noble, conseillers échevins, Mullot, procureur du Roi, seroient priez de se transporter présentement à la Cour pour sçavoir ce que MM. du Parlement souhaittoient. »

Ils s'y rendirent à l'instant en habits de cérémonie, précédés de deux galonniers (1). L'explication fut des plus orageuses, et ce ne fut pas sans une visible émotion que M. Bons vint en faire le récit à ses collègues.

Ici je laisse la parole au greffier de la Ville.

« M. Bons a dit qu'estant entré dans la chambre du Conseil où la Cour étoit assemblée, il a dit : « Nous sommes députez à la Cour par le corps de Ville pour sçavoir d'elle ce qu'elle souhaitte de la compagnie. A

(1) C'était le nom que l'on donnait à ceux qui étaient chargés de présenter le vin de Ville aux personnes que l'on voulait honorer ou recompenser.

quoy M. le premier president a dit : « Pour quoy, au
préjudice des ordres que j'ay donnés ce matin au capitaine de la Cinquantaine et au capitaine des Arquebusiers
de se rendre à la Cour, à la teste d'un détachement de
leurs compagnies, les maire et échevins retiennent-ils
ces officiers dans l'Hôtel-de-Ville, et n'est-il pas vray
qu'ils leur ont donné ordre par écrit de n'en pas désemparer ? » M. Bons, portant la parole, a dit qu'il supplioit
la Cour d'observer que les députés du corps de Ville,
qu'ils avoient l'honneur de représenter, n'estoient chargés d'autre chose que de supplier la Cour de leur dire
ce qu'elle souhaittoit ; que le corps de Ville n'ayant pu
prévoir si la Cour feroit aucune interpellation à ses
députez, il ne les avoit pu charger de répondre à celles
qui leur seroient faittes, et qu'il supplioit de rechef la
Cour, de leur dire ce qu'elle souhaittoit du corps de
Ville, pour les mettre en état, au retour, de lui commu-
niquer les intentions de la Cour, si elle vouloit bien s'en
expliquer ; et M. Bons a ajouté que la Cour étoit supliée
de ne point faire attention à l'absence de M. le maire
qui, quoique mandé par la Cour, n'a pu se déplacer, le
corps de Ville en ayant ainsi délibéré. Et, comme plusieurs de Messieurs portoient en même temps plusieurs
interpellations à M. Bons, il observa à la Cour que, si
elle exigeoit qu'il répondît à aucune, il convenoit qu'elles
fussent faittes par une seule personne. Sur quoy M. le
premier président a dit qu'il s'agissoit de répondre s'il
n'estoit pas vray que les maire et échevins avoient donné
ordre par écrit aux capitaines de la Cinquantaine
et Arquebusiers de ne point désemparer de l'Hôtel-

de-Ville ; qu'il étoit bien aisé de dire le ouy ou le non, plutost ouy que non, puisqu'il en avoit veu l'ordre par écrit, signé. M. Bons a dit que, par respect pour la Cour, et sans tirer à conséquence, il répondoit que le corps de Ville avoit donné ordre aux deux capitaines de faire un détachement de leurs compagnies, composé de 45 hommes, pour accompagner la Cour dans sa marche pour le *Te Deum* et de faire commander le détachement par les lieutenants de leurs compagnies ; que l'ordre ne contenait autre chose qui intéressât la Cour, et que les capitaines avoient eu un ordre verbal de rester réunys au reste de leurs compagnies pour accompagner le corps de Ville..... M. le premier président dit alors : « Passez au greffe, écrivez votre réponse et la signez tous. » Sur quoi M. Bons a suplié la Cour que, puisqu'elle exigeoit des députez qu'ils fissent rédiger par écrit la réponse et qu'ils la signassent, d'ordonner, en même temps, que l'interpellation à laquelle il venoit de répondre, fût de même rédigée par écrit, ce qui a été ordonné et exécuté. Après quoy M le premier président, portant la parolle à M. Bons, dit : « Écrivez votre réponse ». M. Bons s'excusa, disant qu'il n'écrivoit pas assez bien. A quoy a été repris par M. le premier président, portant la parole au procureur du Roy : « Écrivez, procureur du Roy, » dont le procureur du Roy s'excusa, disant qu'il écrivoit encor plus mal. Sur quoy le greffier ou notaire secrétaire, reprenant la plume, a écrit, sous la dictée de M. Bons, la réponse à la dite interpellation ; et, pendant qu'on la rédigeoit, M. le premier président, à plusieurs reprises, a porté la parolle au procureur du Roy en ces termes :

« C'est le procureur du Roy que voilà qui fait tout cela ;
c'est lui qui ameutte. » A quoy le procureur du Roy par
respect ne répondant rien, et M. Bons étant occupé à
faire rédiger par écrit la réponse à l'interpellation cy-
dessus, a été repris par M. Le Noble qu'il se voyoit
obligé de justifier le procureur du Roy à la face de la
Cour sur le préjugé qu'elle paroissoit avoir contre luy, et
a dit que l'union qui régnoit dans le corps de Ville, joint
à la connaissance qu'il avoit de ses droits et de l'obli-
gation qu'il avoit de les maintenir, étoit le point de vue de
ses actions ; que tout ce qui se passoit luy étoit commun
avec le procureur du Roy ; et à cet endroit M. le premier
président l'a interrompu, en luy disant : « Taisez vous,
Le Noble. Quand je vous parleray, vous répondrez. »
Sur quoy Le Noble a répondu que, la Cour luy imposant
silence, par respect pour ses ordres, il le garderoit ; et
le procureur du Roy, ayant voulu prendre la parole et
la portant à M. le premier président, luy dit : « Monsieur,
..... » Aussitôt M. le premier président reprit avec beaucoup de vivacité : « Monseigneur pour vous qui manquez
de respect à la Cour. » Le procureur du Roy reprit qu'il
en étoit, au contraire, pénétré, mais qu'ayant à répondre
aux interpellations que plusieurs de Messieurs faisoient
tour à tour, il étoit comme impossible qu'il n'échappast
terme pour autre, que d'ailleurs la vivacité avec laquelle
la Cour paroissoit traiter l'affaire en question pouvoit
encore laisser échapper terme pour autre. M. le premier
président luy répliqua qu'il ne reconnoissoit point de
supérieur et qu'on luy aprendroit à en connoistre. Sur
quoy le procureur du Roy fit réponse que jamais il en

s'écarteroit du devoir, et qu'il feroit en sorte de tenir une conduite irréprochable. Et aussi tost M. le premier président et plusieurs Messieurs, avec beaucoup de confusion, se sont levez en disant tous : « Sortez, passez dans le cabinet; là Cour va délibérer sur ce manque de respect. » Aussitôt les députez ont passé dans le cabinet, et, ayant été remandez à la Cour par l'huissier, M. le premier président a dit : « Répondez par écrit à l'interpellation, et signez la, » ce qui fut exécuté de la part des dits sieurs députez dans la forme cy-dessus, autant qu'ils peuvent s'en souvenir, la Cour leur ayant refusé de leur faire délivrer une expédition de cette interpellation et réponse signée, quoiqu'ils l'en ayent suplié. » Ce fut en vain qu'à plusieurs reprises ils réclamèrent expédition ou acte de la réquisition qu'ils en avaient faite : ils ne purent rapporter à leurs confrères de l'Hôtel-de-Ville que cet ordre verbal du premier président : « La cour vous enjoint d'envoyer les capitaines des deux compagnies à la teste du détachement qui est présent icy pour accompagner la Cour au *Te Deum*. »

Le corps de Ville en était à délibérer sur le rapport, lorsque tout à coup les capitaines accoururent dans la salle et annoncèrent que deux huissiers étaient là, et déclaraient qu'ils allaient les enlever de force. « A quoy fut répondu de faire entrer les huissiers. » Mais, quand on alla les chercher, on ne les trouva plus : embarrassés du rôle qu'on leur faisait jouer, ils s'étaient prudemment retirés.

« Les avis pris, ouï le procureur du Roi, il fut arrêté : que, par respect pour la Cour et veu la provision de la chose, les deux capitaines seroient présentement envoyez au parlement pour ne pas retarder la cérémonie du *Te Deum*, avec protestation, toutefois, que cela ne pourroit porter aucun préjudice aux droits de la Ville, qui se réservoit de se pourvoir où il appartiendroit contre tout ce qui s'étoit fait et passé à la Cour. »

Après que la cérémonie du *Te Deum* fut terminée et que le feu de joie traditionnel eut été allumé par le maire, dans l'aître de N.-D. de la Ronde, MM. du Bureau rentrèrent à l'Hôtel-de-Ville, où les capitaines s'empressèrent de venir leur demander leurs ordres et leur apprirent que, lorsqu'ils s'étaient rendus au Parlement, le premier président leur avait dit qu'il s'en était peu fallu qu'il ne les eût condamnés à un an de prison.

Dès le lendemain, MM. de la Ville décidaient, à la pluralité des voix, que le greffier-secrétaire se transporterait au greffe de la Cour pour demander expédition de l'arrêt rendu contre eux, et qu'en cas de refus, MM. du Bureau députeraient, en toute hâte, deux d'entre eux vers le premier président pour renouveler cette demande, ce qui ne les empêcha pas d'envoyer, à l'heure même, un conseiller vers le duc de Luxembourg pour solliciter sa protection dans une affaire aussi délicate.

Je ne saurais dire à quoi aboutirent ces démarches. Tout ce que nous apprennent les archives de la Ville, c'est que l'arrêt en question fut délivré aux échevins, et que ceux-ci en ordonnèrent l'insertion dans leurs registres, vraisemblablement parce qu'ils le considéraient, à tort ou à raison, comme moins compromettant pour eux que pour les magistrats qui l'avaient rendu.

Ce serait exagérer la portée de cet incident que de croire à une hostilité constante entre la Ville et le Parlement. De tout temps les préséances ont mis aux prises entre elles les compagnies les plus graves et les plus respectables. Encore moins faut-il mettre en doute les dispositions bienveillantes des cours souveraines à l'égard de la Cinquantaine. C'est de là, au contraire, qu'en tout temps lui vinrent les témoignages d'estime les plus flatteurs et les plus précieux. Écoutons ce que disait Pellot dans un mémoire adressé à Colbert, le 20 juin 1675 (il parlait de la Cinquantaine et des Arquebusiers). « Ces deux compagnies travaillent jour et nuit pour la sûreté de la ville et pour tenir la main à l'exécution des ordres qu'on leur donne. Toutes les nuits, il y a une brigade de chacune, qui marche dans les rues et fait la fonction du guet ; et, le jour, elle exécute les ordres qui lui sont donnés pour le service du Roy ou la tranquillité de la ville et pour tenir la main à l'exécution des ordres de justice. Et enfin elles font tout. S'il y a quelque désordre, elles sont toujours prêtes ; on les commande incontinent, et on les employe, non pas seulement à la ville, mais à la campagne, quand on en a besoin. Dans la dernière conspiration de La Tréaumont, on les employa pour arrêter le comte de Créquy, la dame de Villars, le sieur Maigremont et autres par ordre du Roy. Il n'y a point de lieu de la ville qu'ils ne connaissent, et ne sachent ce qui s'y passe. Aussi par ce moyen, les voleurs, vagabonds et autres gens de mauvaise vie ne trouvent pas leur compte à Rouen, et la ville en est bientôt purgée (1). »

Juste cent ans après, le procureur général, M. de Belbeuf, certifiait que, « grâce à ces compagnies, la police était aussi parfaitement faite à Rouen qu'en toute autre grande ville du royaume. »

Le témoignage que la Cour des Comptes leur rendait en 1786, ne leur est pas moins honorable.

« Le service de ces compagnies, disait cette Cour, est d'autant plus utile et plus sûr que, les membres qui les composent étant choisis dans la classe de la bonne bourgeoisie, ils découvrent toujours par eux-mêmes, par la connaissance qu'ils ont de la localité, ceux qui troublent le repos et la tranquillité publique, de sorte qu'il est rare de voir, en cette ville, des attroupements, des violences et des meurtres, et que les malfaiteurs, s'il s'en rencontre quelques-uns, échappent rarement à leur vigilance. »

Autres, cependant, étaient les fonctions des Cinquanteniers, autres celles des cavaliers de la maréchaussée et des sergents du bailliage.

Un instant, il est vrai, il fut question d'assimiler les Cinquanteniers aux Chevaliers du guet, et cette prétention n'était pas sans quelque fondement, puisque notre ville, vers 1675, n'avait réussi à se faire dispenser des frais d'établissement d'une compagnie de Chevaliers du guet qu'en démontrant qu'il lui suffisait d'être protégée par les Cinquanteniers et par les Arquebusiers. Ce sou-

---

(1) M. E. O'Reilly. *Mémoires sur la vie publique et privée de Claude Pellot*, II, 417.

venir était-il présent à la mémoire des Commissaires enquêteurs, appositeurs de scellés et de police du bailliage, qui remplissaient, à Rouen, des fonctions analogues à celles des Commissaires du Châtelet de Paris, lorsqu'ils s'avisèrent de demander à M. Bertin, secrétaire d'État, que les Cinquanteniers et les Arquebusiers leur fussent subordonnés, comme, à Paris, les Chevaliers du guet l'étaient aux Commissaires du Châtelet ? Les raisons ne leur manquaient pas : on leur imposait les charges les plus variées et les plus pénibles, telles que l'inspection des halles et marchés, la visite des denrées, les soins à prendre pour le nettoiement des rues et pour le transport des enfants trouvés, la distribution du pain aux pauvres, les mesures à prescrire dans les incendies, la rédaction des procès-verbaux de vol, d'effraction, d'homicide, et, pour tout cela, on ne leur assurait d'autre *main-forte* que les huissiers et les sergents du bailliage, qui se renfermaient chez eux pendant la nuit, et que, même pendant le jour, on n'arrachait pas sans peine à leurs affaires. Mais malgré tout ce que purent dire ces malheureux Commissaires, dont la situation, en effet, paraissait digne d'intérêt, on ne crut pas devoir assujettir les Cinquanteniers au service des Chevaliers du guet, par ce motif que ceux-ci étaient soudoyés par la Ville de Paris, tandis que les premiers ne formaient qu'un corps de troupes franches et volontaires.

Les Cinquanteniers firent aussi reconnaître qu'en aucun cas ils ne pourraient être obligés à assister l'exécuteur des sentences criminelles ; qu'une pareille fonction répugnait à leur institution ; qu'il y aurait une véritable inconvenance à donner la même escorte à des criminels qu'on menait au supplice et à d'éminents magistrats dont on protégeait la marche dans les cérémonies publiques. Il eût été impossible de contester que, dans l'ancien temps, c'était l'usage qu'ils fussent présents aux supplices ; mais alors ils s'y trouvaient pour accompagner les magistrats, qui depuis s'étaient permis de se dérober à ces douloureux spectacles, tant les mœurs avaient changé. Ce qui est certain, c'est qu'on attribua à une inspiration malheureuse l'ordre qui fut donné à la Cinquantaine, en 1775, d'avoir à fournir un détachement pour une femme qui avait été condamnée, je ne sais pour quel méfait, à parcourir les rues montée sur une bourrique : cet ordre fut révoqué.

Au dernier siècle, les Arbalétriers étaient assimilés aux Arquebusiers. C'étaient bien deux corporations et deux confréries particulières, mais dont les membres étaient assujettis au même service et observaient des règlements communs.

Le plus important, élaboré par le duc d'Harcourt, fut confirmé par un arrêt du Conseil d'Etat, du 6 mars 1739. Il suffira de citer quelques-unes de ses dispositions.

« Les dimanches et fêtes, temps où le peuple sort plus ordinairement pour aller à la promenade, les capitaines de la Cinquantaine et des Arquebusiers sont tenus alternativement d'établir dans l'Hôtel-de-Ville une garde de 6 hommes depuis midi, laquelle ne pourra quitter son poste qu'après que la garde de nuit aura commencé la sienne.

« Pour la sûreté et police de la ville pendant la nuit,

ll sera pris, de chaque compagnie, alternativement, 25 hommes, lesquels seront nommés à tour de rôle, par leurs capitaines, qui les partageront en 5 escouades, et, attendu que la Cinquantaine n'est composée que de 50 hommes, et la compagnie des Arquebusiers de 104, le service sera partagé entre les dites 2 compagnies, de manière que la Cinquantaine aura 1 jour de service, et les Arquebusiers en feront 2. Le capitaine de la compagnie donnera aux escouades le mot du guet, qu'il sera tenu d'aller prendre du gouverneur ou du lieutenant-général, ou, en son absence, du 1er président. Les patrouilles se feront, de St Michel à Pâques, de 9 heures du soir à 2 heures après minuit ; de Pâques à la St Michel, de 10 heures à 2 heures. Ils arrêteront les gens sans aveu et les constitueront prisonniers au bailliage, et remettront au premier président et au procureur général, ainsi qu'au lieutenant-général de police, les noms des coureurs de nuit qu'ils auront emprisonnés, prêteront main-forte à l'exécution des décrets et ordonnances de justice sur simple réquisition au bas desdits décrets ; exécuteront les ordres qui leur seront donnés par le premier président et le procureur général pour tout ce qui concerne le bien de la justice et de la police générale de la ville. Dans les marches de cérémonies, les Arquebusiers fourniront les 2 tiers, les Arbabétriers le tiers des escortes (1). »

Il faut ajouter à ces obligations, d'après un mémoire de 1776, celle d'assister aux audiences que tenait le

(1) Ce réglement a été publié par M. Ouin La Croix dans son *Histoire des Corporations ouvrières de Rouen*, et par M. Bouteiller dans son *Histoire des Milices communales*.

gouverneur, lorsqu'il résidait à Rouen, et, en l'absence du gouverneur, à celles que tenait le premier président en son hôtel, afin d'exécuter les ordres qui leur seraient donnés. Il faut encore ajouter le devoir de fournir quelques fusiliers à ce magistrat lorsque, une fois chaque semaine, il tenait le Bureau des pauvres.

D'après le même mémoire, « les membres de ces compagnons étaient les premiers et les plus actifs à porter du secours dans les incendies et dans les émotions populaires. » A ce propos on y expose que, pendant les séditions qui s'élévèrent en cette ville, en 1768, on les vit disperser avec fermeté et prudence les rassembleménts, quoiqu'ils fussent alors abandonnés à eux-mêmes, sans troupe, sans secours de la bourgeoisie. Ce fut alors que pour récompense de leur zèle et de leur courage, le Conseil municipal se décida à leur fournir près de l'Hôtel-de-Ville un corps de garde qu'ils occupaient encore au moment de la Révolution.

Quant à l'uniforme il fut ainsi réglé par une ordonnance du duc d'Harcourt, du 28 décembre 1770 :

« Pour les Cinquanteniers, drap bleu de roi à revers et parements rouges galonné en or, épaulettes en or entrelacées de soie jaune pour les simples cavaliers, avec la bandoulière de velours bleu relevé de fleurs de lys d'or aux armes du Roi et de la Ville (1).

« Pour les arquebusiers, drap bleu de roi à revers et parements rouges galonnés en argent avec épaulettes en

(1) M. Bouteiller a joint à son *Histoire des milices bourgeoises de Rouen*, publiée en 1849, un dessin colorié représentant un Cinquantenier de Rouen. Je n'oserais garantir la fidélité de ce dessin.

argent, entrelacées de soie jaune pour les simples fusiliers. »

Antérieurement, le costume était de drap gris de fer galonné sur toutes les coutures pour les deux compagnies. La seule différence consistait en ce que les Cinquanteniers portaient la bandoulière, et les Arquebusiers l'écharpe de soie blanche à franges d'argent.

Jusqu'au XVIIe siècle, les Cinquanteniers avaient nommé librement leur capitaine. Un règlement, du 19 novembre 1601, donné par le Roi, ordonna que dorénavant, à un jour destiné pour l'élection, les compagnons procèderaient à la nomination de trois de leur corps, dont ils présenteraient les noms au gouverneur de la province ou à celui qui commanderait en son absence, lequel, après en avoir conféré avec les échevins, enverrait à S. M. la liste avec son avis. La nomination était réservée au Roi.

Ce règlement fut suivi jusqu'en 1789. Le brevet du Roi était adressé à la Ville par le gouverneur, après que le capitaine avait prêté serment devant lui.

Pendant les deux derniers siècles, tout au moins, l'élection se fit constamment en la chapelle Saint-Georges sur la place de la Pucelle, le jour de S. Georges, patron des Arbalétriers, en présence d'un échevin, délégué par la Ville, auquel était laissé l'honneur d'envoyer au gouverneur le cartel des compagnons.

« Il y eut contestation à ce sujet entre le premier président et le gouverneur. Le premier président soutenait, qu'en l'absence du gouverneur et des lieutenants-généraux, le cartel devait être remis entre ses mains.

Après de longues discussions, qui paraissent hors de proportion avec l'intérêt de la cause, il fut décidé que le cartel serait envoyé au gouverneur ou aux lieutenants-généraux, s'ils se trouvaient en Normandie, pour être par eux transmis au Secrétaire d'État ayant le département de la Normandie, lequel en devait rendre compte à S. M. S'ils étaient en dehors de la province, le cartel pourrait être adressé directement par la Ville au Secrétaire d'État, et une simple copie au gouverneur (arrêt du Conseil d'État, 7 janvier 1709).

Un règlement, du 16 avril 1621, portait « qu'afin que chacun de la compagnie pût sé ressentir de l'honneur des charges, celui qui aurait été nommé capitaine pour une année, ne pourrait être continué l'année d'après pour quelque cause que ce fût ».

Cependant le 23 avril 1652, on vit le duc de Longueville, sans avoir égard à la présentation du cartel, continuer pour un an dans les fonctions de capitaine le sieur Lemperière.

Le 12 août 1769, le gouverneur se réserva le droit de continuer le capitaine, et ne laissa à la compagnie que la nomination du lieutenant, du cornette et du maréchal des logis.

Une ordonnance du gouverneur déclara que le nombre des anciens capitaines serait porté à 6, y compris celui qui servait, en sorte qu'on ne pût employer sur le cartel, lors des élections, aucun nouveau sujet, sinon dans le cas où le nombre de 6 ne serait pas rempli, mais 3 des anciens capitaines, 12 mai 1757. Pendant assez long-temps, les anciens capitaines ne marchaient pas la nuit

pour la garde, si ce n'est dans les nécessités indispensables. Une ordonnance du 20 septembre 1762 porta
que les anciens capitaines ne pourraient, à l'avenir, se
dispenser du service ordinaire.

Tout ce qui dépendait de l'ordre et de la milice,
ainsi que la correction et la punition des fautes, était
délibéré et arrêté par le capitaine en chef, avec l'avis et
assistance des anciens capitaines. On pouvait appeler
aux délibérations les lieutenants et cornettes en charge
(7 mars 1654).

Les amendes devaient toujours être payées dans un
délai de 24 heures.

Quant aux compagnons, ils étaient proposés par la
Cinquantaine et reçus par les échevins, à la suite d'une
information de vie, de mœurs et de religion. Le gouverneur ne restait pas indifférent au recrutement de la compagnie. Il veillait à ce que les sujets fussent pris parmi
les citoyens les plus honorablement connus, et, autant
que possible, parmi des hommes qui avaient servi.

Si peu avantageuse que fût la fonction, il est à observer
qu'on la considérait comme une sorte de propriété de
famille.

Les veuves et héritiers de Cinquanteniers décédés
avaient droit de présenter des gens capables pour rem-
plir la place vacante, et ce ne pouvait être qu'à défaut
de leur présentation, que le capitaine désignait des candidats au gouverneur, lequel, dans ce cas, ordonnait
une indemnité pour les veuves.

Celles-ci étaient tenues de remettre les bandoulières ;
mais elles pouvaient disposer des habits (24 mai 1695).

D'après le règlement du 12 août 1769, on accordait un mois aux veuves et aux enfants pour exercer leur droit de présentation.

Les nouveaux compagnons payaient une rétribution à la compagnie. Il y avait exception pour les fils de cavaliers : ceux-là n'avaient rien à payer. Quant aux gendres, ils subissaient la loi commune. Il y eut cependant une exception en faveur de Foubert, qui avait épousé la fille unique d'un ancien capitaine, Renault. On n'exigea de lui qu'une demi-rétribution de 5 l., 3 septembre 1772.

On traitait avec égards même ceux qu'on se trouvait dans la nécessité de destituer. Un cavalier fut destitué le 12 août 1764 ; on lui enjoignit de rapporter sa bandoulière ; mais on décida de lui payer 200 l.

Les cavaliers devaient avoir maison et domicile à Rouen, afin qu'on pût être assuré de leur service, et aussi afin que l'on eût un moyen assuré de recouvrer les amendes auxquelles ils pourraient être condamnés. (10 janvier 1669). Défense leur était faite de s'absenter de la ville sans permission du capitaine, et, dans ce cas, il devaient fournir un homme pour servir à leur place afin que la compagnie fût toujours au complet (27 octobre 1674).

Pour l'exécution des ordres du Roi ou de la justice, on veillait à ce que, dans chaque faubourg, il y eût une personne de la compagnie dont la maison pût servir de lieu d'assemblée (15 janvier 1718). On conviendra qu'il eût été impossible de se procurer des corps de garde à meilleur marché.

La Cinquantaine nommait 7 personnes parmi ses membres pour juger et terminer les différends et pour procéder à l'audition des comptes. On ne pouvait se pourvoir de leur jugement que par devant le commandant pour les armes à Rouen (26 octobre 1687). Aux termes d'un règlement du 22 août 1769, tous les 3 ans, les 7 commissaires devaient être nommés en assemblée générale.

Un arrêt ordonna que toutes les plaintes que pourraient faire des particuliers, contre les capitaines, lieutenants, officiers et cavaliers de la Cinquantaine, à raison de leurs fonctions militaires, seraient portées devant le gouverneur et le lieutenant général, si ceux-ci étaient en résidence à Rouen, ou, en leur absence, devant le magistrat qui aurait le commandement des armes, pour y être fait droit, avec défenses aux juges d'en connaître (Rouen, 14 octobre 1782).

Mais bien qu'à certains égards, la Cinquantaine eût pour chefs principaux les représentants de l'autorité militaire, il subsista toujours un lien très étroit entre cette compagnie et l'administration municipale. C'est un point, trop bien établi, par ce que nous avons précédemment rapporté, pour qu'il soit nécessaire d'y revenir.

La Cinquantaine avait ses fêtes religieuses et ses fêtes civiles.

Le lieu affecté aux premières était la chapelle Saint-Georges.

Pendant longtemps elle y eut ses offices particuliers le dimanche, par une faveur assez extraordinaire, à une époque où les curés se relàchaient difficilement de leurs droits.

On y célébrait en grande pompe la fête des Rois, la Commémoration des morts, et surtout la Saint Georges, avec musique, chapiers, bouquets et craquelins pour tous les maîtres. Cette fête était si populaire que l'on vit plus d'une fois le Chapitre de la cathédrale et l'Hôtel-de-Ville prêter des ornements pour la cérémonie.

Ce fut là, le 12 septembre 1775, que la compagnie fit dire une messe solennelle avec *Te Deum* pour le sacre de Louis XVI. On avait décoré le portail des portraits du Roi et de la Reine, qui furent salués de 3 salves de mousqueterie.

Comme fête civile, on peut citer l'ouverture de la foire St Romain, qui se faisait, en grand appareil, par les échevins, à la suite d'une publication par les rues, qui avait tout l'air d'une marche triomphale. On pense bien que les Cinquanteniers et les Arquebusiers y figuraient dans leur plus belle tenue. S'ils venaient à être injuriés ou maltraités à l'occasion des mesures qu'ils prenaient pour tenir la foule en respect, la punition des mutins se faisait exceptionnellement par l'autorité municipale, qui, de son ancienne juridiction, n'avait réussi à sauver que la police des foires. Le soir, la Ville offrait une collation aux cavaliers. Le régal était modeste et ne pouvait guère obérer les finances municipales ; peut-être même eût-il été jugé insuffisant, si préalablement, avant de se mettre en marche, les Cinquanteniers n'avaient pris soin de s'offrir à eux-mêmes, en leur hôtel, un repas plus digne de la solennité.

L'ouverture de la St Romain était le grand jour pour les échevins ; ils s'y montraient sans supérieurs, sans pairs et même sans rivaux. Le jour du tir à l'oiseau était, à proprement parler, le grand jour de la Cinquantaine.

L'exercice avait lieu chez eux, au Clos dit des Arbalétriers le 1er mai, ou les jours suivants, car il se passait souvent bien des jours avant que la tête de l'oiseau pût être abattue.

Le vainqueur était présenté à l'Hôtel-de-Ville, et recevait, comme prix, un gobelet d'argent d'une valeur de 11 l. L'ambition vint à la compagnie, par l'exemple que lui donnaient les sociétés littéraires, d'ajouter à ce prix, un peu mesquin, une médaille d'or qui pouvait être portée à la boutonnière. Mais la dépense était au-dessus des ressources dont on disposait. On ne tarda pas à s'apercevoir qu'il fallait prendre son parti de ne combattre que pour la gloire : l'inscription de son nom sur un registre fut toute la récompense du vainqueur.

Il y avait eu un temps où le roi de l'oiseau était dispensé du service pendant un an, et où trois prix, remportés consécutivement, exemptaient du service pour toute la vie. Mais cette faveur avait paru abusive : elle fut supprimée.

Contents à si bon compte et se prêtant à tout ce qu'on exigeait d'eux, les Cinquanteniers eurent du moins la satisfaction de se voir aimés et estimés de leurs chefs hiérarchiques, échevins, magistrats, lieutenants généraux et gouverneurs de la province.

En 1775, le maréchal d'Harcourt et M. de Miroménil avaient offert leurs portraits pour la décoration de la salle d'armes de la compagnie, déjà ornée de leurs armoiries et de celles de l'Intendant et de la Ville.

Dix ans après environ, les Cinquanteniers recevaient du prince de Bourbon, duc de Penthièvre, un témoignage de bienveillance auquel ils se montrèrent encore plus sensibles. Ce prince leur envoya des Andelys son portrait, enrichi d'une bordure dorée, qu'ils installèrent avec vénération auprès de ceux de leurs illustres protecteurs, à la suite d'une cérémonie dont le registre de la Cinquantaine nous a conservé le récit, libellé par le clerc de la compagnie, qui y apporta, on peut le croire, tous les soins dont il était capable.

Le 23 octobre 1786, le portrait fut posé sur une estrade d'environ 15 pieds d'élévation dans la place d'armes au bout de l'avenue de tilleuls... Ledit portrait était entouré d'une guirlande de laurier au bas duquel était écrit le distique suivant :

> De ce prince chéri du ciel et de la terre
> Méritons la faveur par notre amour sincère.

« Au-dessous étaient les armoiries de S. A. S., soutenues par des trophées de guerre relatifs à son éminente dignité de grand amiral de France, au bas desquels étaient les devises suivantes :

> La vertu fut toujours son plus cher apanage.
> Ces lys sont de son âme une fidèle image.

« Aux deux côtés du tableau étaient 2 pyramides, d'environ 15 pieds de haut, illuminées de lampions représentant la force et la grandeur.

« La compagnie, à la tête de laquelle était le Sr Feret, capitaine commandant, avec les trompettes, défila en ordre devant le portrait de S. A. S., fit le salut des armes et fit la décharge de la mousqueterie par un feu de rempart, lesquels marche, salut et décharge furent répétés trois fois avec le respect et les honneurs dûs au grand prince que cette noble image représentoit.

« Ensuite de quoi la compagnie rentra dans la salle d'assemblée, où chacun avoit la satisfaction de voir reproduite dans une glace étant dans la salle la précieuse effigie de S. A. S. ainsi que toutes les illuminations. Alors, les assistants, pleins de joye et d'allegresse, étant debout, au son des trompettes, burent à la santé de S. A. S., ensuite reprirent les armes et firent une décharge générale de mousqueterie, ce qui fut répété à chaque santé qui fut portée. Au dessert, on chanta plusieurs vaudevilles faits en l'honneur de S. A. S. Sur les 9 heures du soir, tout étoit terminé.

« Et, pour transmettre à la postérité les caractères distinctifs de l'illustre sang et des éminentes dignitez de S. A. S., la compagnie autorisa led. Feret, capitaine commandant, de faire sculpter en bois les armoiries de S. A. S., telles que celles qui avoient été faites pour Mgr le duc d'Harcourt, Mgr de Miromesnil et autres qui étoient placées dans la salle d'assemblée, dont les frais lui seroient alloués en compte. »

Mais déjà des signes de décadence se faisaient remarquer. On supprimait la messe qui ne se disait plus que tous les 3mes dimanches du mois, le jour des Rois et le jour des Trépassés en l'église de S. Georges (25 août 1781) et

à laquelle peu de personnes assistaient. Par un règlement daté de Versailles, 30 octobre, le duc d'Harcourt,
après avoir reconnu que les charges annuelles de la Cinquantaine étaient au-dessus de ses revenus, ordonnait
que les frais de repas pour la livraison du franc-salé
seraient réduits de 80 l. à 24 l. ; qu'il ne serait plus
question de 50 l. pour l'entretien du jardin, etc. etc.

En 1789, la Cinquantaine, de même que toutes les
corporations et communautés, applaudit à la convocation
des Etats généraux.

Quelques mois après, l'Assemblée Nationale, sans la
viser particulièrement, signait son arrêt de mort.

La Cinquantaine s'adressa à son protecteur naturel,
le duc d'Harcourt.

Il est visible par la réponse de celui-ci qu'il ne se
faisait pas illusion sur le sort d'une institution, chère
assurément à ceux qui de près la voyaient à l'œuvre, mais
antipathique à l'opinion publique, qui voulait partout une
administration uniforme.

Le 21 août et le 3 septembre 1789, la Cinquantaine et
les Arquebusiers escortaient encore le corps municipal
et électoral de la ville de Rouen, aux cérémonies pour
la prestation du serment des troupes militaires et bourgeoises et des officiers et soldats du détachement du
régiment de Salis et d'une compagnie du régiment
Dauphin-dragons.

La lettre du duc mérite d'être reproduite. On y
retrouve cette politesse qui distingue la correspondance
des administrateurs de l'ancien régime.

« J'ay receu, Messieurs, votre lettre du 2 de ce mois,

avec la proclamation du Roy qui y est jointe, portant sanction d'un décret de l'Assemblée Nationale du 21 octobre dernier pour l'exécution de celui de l'assemblée municipale et électorale de la ville de Rouen, du 2 octobre, concernant l'établissement d'une garde nationale et citoyenne dans ladite ville et les faux bourgs.

« Vous me demandez d'appuyer un mémoire expositif de votre création et de vos services, que vous seriez dans l'intention d'adresser à S. M. ou à l'Assemblée Nationale. Je désirerois fort pouvoir vous être utile dans cette occasion, mais je vois que, quoique l'assemblée municipale de Rouen ait maintenu et conservé vos compagnies telles qu'elles ont été créées, cet article 5 de son décret a été supprimé par celui de l'Assemblée Nationale que le Roi a sanctionné, et je ne pense pas que vous puissiez revenir avec quelque fruit, par un mémoire, contre ces dispositions.

« Il vous est cependant libre d'adresser ce mémoire au ministre de la province ou à ses députés à l'Assemblée, et si, à mon retour des eaux, que ma santé exige que je prenne icy, je puis faire valoir vos services et votre utilité, je le feray volontiers, mais avec peu d'espérance de succès, parce que cette détermination me paraît irrévocable.

« Je vous prie, Messieurs, d'estre persuadez qu'on ne peut rien ajouter à mes sentiments pour vous. LE DUC D'HARCOURT. AIX-LA-CHAPELLE. »

Le 22 décembre, la compagnie donnait son approbation au mémoire rédigé par M. Potier et décidait qu'il serait transmis à M. de St Priest, ministre de la province, afin d'obtenir de sa grandeur la faveur pour la compagnie de conserver le service dont elle était chargée depuis 1206.

Ce fut peine perdue, et il fallut se résigner à la mort. Cependant la compagnie subsista quelque temps encore sous la direction d'un syndic et de deux adjoints, mais sans aucune fonction dans un temps où tout se remuait avec une activité fébrile : elle n'avait qu'à s'occuper, en attendant qu'on les lui prît, de la gestion de ses biens.

La dernière délibération de la compagnie est du 19 mai 1791 ; ce fut la plus triste : elle portait qu'on s'entendrait avec le capitaine des Arquebusiers pour la remise du drapeau.

Les titres furent déposés au district le 28 pluviose an II.

Le 17 ventose suivant, on vendait l'hôtel de la Cinquantaine, situé au-dessous du monastère de Bellefont entre la rue Beauvoisine et les murs de la ville. Il consistait en un grand jardin et 2 maisons dont l'une, portant le n° 174, fut vendue à Charles-Adrien Aubé 31,200 l., l'autre, portant le n° 175, fut vendue 21,000 l. à François-Louis Le Seigneur de Reuville, conseiller au parlement, propriétaire d'un vaste hôtel, contigu à celui de la Cinquantaine et situé rue d'Ecosse (1).

(1) La Cinquantaine occupait cette propriété depuis 1423 ; auparavant son clos était dans un emplacement qui fut exproprié pour la construction du Vieux-Palais : elle l'avait achetée de Guieffin Le Maigre, fils de Henri Le Maigre, fait prisonnier par les Français à la bataille de Verneuil. Cet Henri Le Maigre avait été capitaine des Arbalétriers. Le prix de vente lui servit à payer sa rançon.

C'est un usage reçu présentement que, dans chaque ville, des inscriptions signalent aux passants les maisons où les hommes de grande et de petite célébrité ont vu le jour.

A mon avis, il serait d'un aussi bon exemple de rendre un pareil hommage aux communautés qui ont bien mérité du pays. J'aimerais à lire sur la façade de l'hôtel dont je viens de parler cette simple inscription : *Ici était le clos des Arbalétriers*, à moins qu'il ne parût opportun, comme réparation d'un injuste oubli, d'y ajouter ces mots : « C'était une compagnie de milice bourgeoise, librement recrutée, toujours animée des mêmes sentiments d'honneur et de désintéressement, qui, pendant plusieurs siècles, n'eut d'autre but que de veiller à la protection de cette ville et à la sécurité de ses habitants. »